LE

DROIT ROMAIN

RÉSUMÉ EN

TABLEAUX SYNOPTIQUES

PAR

A. WILHELM

RÉPÉTITEUR DE DROIT

MATIÈRES SPÉCIALES AU PREMIER EXAMEN DE LICENCE

PARIS

CHALLAMEL AÎNÉ | A. MARESQ AÎNÉ
Libraire-éditeur | Libraire-éditeur
5, RUE JACOB | 20, RUE SOUFFLOT

1877

LE

DROIT ROMAIN

RÉSUMÉ EN

TABLEAUX SYNOPTIQUES

245. — ABBEVILLE. — TYP. ET STÉR. GUSTAVE RETAUX.

LE
DROIT ROMAIN

RÉSUMÉ EN

TABLEAUX SYNOPTIQUES

PAR

A. WILHELM

RÉPÉTITEUR DE DROIT

MATIÈRES SPÉCIALES AU PREMIER EXAMEN DE LICENCE

PARIS

CHALLAMEL AÎNÉ
Libraire-éditeur
5, RUE JACOB

COTILLON ET Cie
Libraire du Conseil d'État
24, RUE SOUFFLOT

1877

AVERTISSEMENT

Le présent opuscule fait suite à celui dans lequel nous avons résumé les matières de l'examen de première année ; il comprend les deux derniers livres des *Institutes* de Justinien, et sert de complément au précédent fascicule pour la préparation du premier examen de licence en droit.

Le cadre restreint de ce travail ne nous a pas permis de donner à la fin du livre IV, concernant les actions, tout le développement que pourrait comporter ce vaste sujet, qui est comme le code de la procédure romaine : les étudiants trouveront néanmoins, dans les tableaux relatifs à cette partie de leur examen, le résumé des principales notions qu'il leur est indispensable de retenir.

Nous espérons que les candidats puiseront dans les deux fascicules de ce petit ouvrage un utile aide-mémoire et, par suite, un nouvel élément de succès dans les épreuves qu'ils ont à subir.

A. WILHELM,
RÉPÉTITEUR DE DROIT.

LIVRE III.

Modes d'acquérir les Droits.

(Tableau récapitulatif.)

Modes d'acquisition
- à titre universel :
  - Hérédité,
  - *Manus* (disparue sous Justinien),
  - Adrogation,
  - *Addictio bonorum libertatis causa*,
  - *Venditio bonorum*,
  - Application du sénatus-consulte claudien (abrogé par Justinien).
- à titre particulier : Obligations
  - réelles — qui se contractent par la remise de la chose,
    - *mutuum*,
    - commodat,
    - dépôt,
    - gage ;
  - verbales
    - *dictio dotis*,
    - *jurata promissio liberti*,
    - stipulations
      - conventionnelles,
      - judiciaires,
      - prétoriennes,
      - édilitiennes,
      - communes ;
  - littérales
    - *nomina transcriptitia*,
    - *chirographa*,
    - *syngraphæ* ;
  - consensuelles
    - *emptio-venditio*,
    - *locatio-conductio*
      - *rerum*,
      - *operarum*,
      - *operis*,
    - *societas*,
    - *mandatum*,
    - pactes,
    - contrats innomés ;
  - résultant
    - d'un quasi-contrat ;
    - d'un délit
      - *furtum*,
      - *bona vi rapta*,
      - *injuria* ;
    - d'un quasi-délit.

I. DES ACQUISITIONS A TITRE UNIVERSEL.

Des Hérédités qui sont déférées ab intestat (Titres 1 a 6).

Meurt intestat
- celui qui n'a point fait de testament ;
- celui dont le testament est
  - *injustum* (1),
  - *ruptum*,
  - *irritum*,
  - *destitutum* ou *desertum* ;
- celui qui, après sa mort, est reconnu coupable de haute trahison (ses biens sont dévolus au fisc).

---

(1) Voir le sens de ces expressions aux matières de l'examen de première année, page 29.

Divers Ordres de succession ab intestat.

Suivant la loi des Douze-Tables :

- **Héritiers siens** venant :
  - les individus placés sous la puissance du *de cujus* à son décès,
  - les posthumes, pourvu qu'ils soient nés dans les dix mois de la mort du *de cujus*,
  - le fils de famille qui, captif au décès du *de cujus*, recouvre ses droits par le *juspostliminii*,
  - directement, s'ils sont au premier degré (le partage a lieu par tête) ;
  - par représentation, s'ils sont aux degrés subséquents (la répartition a lieu par souche et les héritiers se partagent la part qu'aurait recueillie leur auteur s'il eût survécu) ;
  - toujours nécessairement, c'est-à-dire sans addition d'hérédité (1) ;

- **Agnats** :
  - individus étant, ayant été, ou ayant pu être sous la puissance d'un même *paterfamilias* ;
  - le plus proche en degré, au moment de l'ouverture de la succession ab intestat, exclut le plus éloigné ;
  - le partage a toujours lieu par tête.

- **Gentils** :
  - 1re opinion (2). — Familles issues du même tronc — parenté éloignée ;
  - 2e opinion (3). — Agrégation politique et religieuse d'individus participant au même vote et aux mêmes sacrifices ;
  - 3e opinion (4). — Rapport entre les familles d'origine perpétuellement ingénue et les descendants des affranchis qui leur doivent la liberté. — La qualité de gentiles et les droits d'hérédité appartiennent exclusivement aux membres de la famille supérieure et ne sont pas réciproques ;
  - 4e opinion (5). — La gentilité est fondée sur la tradition d'une origine commune, les gentils participent au même vote et aux mêmes sacrifices ; dans certains cas la gentilité peut être le rapport entre les familles de patrons et les descendants d'affranchis ou de clients — conciliation des trois systèmes précédents.

NOTA. La succession n'est dévolue qu'une fois dans chaque ordre d'héritiers.

Individus écartés par la loi des Douze-Tables :

- enfants émancipés ;
- id. donnés en adoption ou adrogés après émancipation ;
- enfants de l'émancipé nés ou conçus avant l'émancipation de leur père qui, demeurés dans la famille de leur aïeul, sont écartés de la succession de leur père ;
- les agnats *capite minuti* ;
- tous individus précédés dans leur ordre par un héritier plus proche en degré et exclus, en vertu du principe de non-dévolution, au cas où cet héritier ne recueille pas la succession ;
- les descendants par les femmes, sauf les enfants de la femme *in manu* ;
- les femmes agnates au delà du degré de sœurs.

---

(1) Voir *loc. cit.*, page 31.
(2) MM. Ducaurroy et Troplong.
(3) M. Giraud.
(4) M. Ortolan.
(5) M. Labbé.

Successions ab intestat (Suite).

Suivant le droit prétorien :

- **Héritiers siens (*Bonorum possessio unde liberi*)**
  - enfants émancipés par le *de cujus* ;
  - enfants conçus après l'émancipation de leur père (succession de l'aïeul) ;
  - enfants conçus avant l'émancipation de leur père (succession de leur père) ;
  - enfants donnés en adoption ou adrogés après émancipation (succession de leur père naturel), à la condition qu'ils n'appartiennent plus à leur famille adoptive ;
  - enfants devenus *sui juris* par la *maxima* ou *media capitis deminutio* de leur père qui a recouvré ensuite le droit de cité ;
  - ils ne sont admis que moyennant la *collatio bonorum*, c'est-à-dire le rapport à la masse des biens qu'ils ont acquis grâce à leur sortie de la famille — ce rapport n'est dû qu'à l'*heres suus* auquel préjudicie le *bonorum possessor* ; il ne s'étend pas aux pécules.

- **Agnats** — Le droit prétorien, défavorable au lien purement civil de l'agnation, n'introduisit aucun parent dans l'ordre des agnats.

- **Cognats (*Bonorum possessio unde cognati*)**
  - tous individus unis au *de cujus* par les liens du sang ;
  - agnats *capite minuti* et leurs descendants (1) ;
  - agnats exclus par le principe de non-dévolution ;
  - enfants donnés en adoption et présents dans la famille adoptive au moment du décès de leur père ;
  - parents par les femmes ;
  - femmes agnates au delà du degré de sœurs ;
  - enfants *vulgo quæsiti* pour la succession de leur mère et de leurs parents maternels ;
  - enfants naturels pour la succession de leur mère, de leurs parents maternels et de leur père, s'il est certain ;
  - le droit de succession s'arrête au sixième degré (2) ;
  - la dévolution est permise dans l'ordre des cognats ;
  - la parenté servile suivie d'émancipation ne donne pas droit à la *bonorum possessio* ;
  - la *bonorum possessio* est accordée en tenant compte de la qualité de l'héritier (ligne directe ou collatérale).

Suivant les constitutions impériales :

- **Héritiers siens**
  - les descendants par les filles sont assimilés aux descendants par les mâles ; concourant avec des héritiers siens, ils prennent les 2/3 de la part qu'eût recueillie leur mère ; concourant avec des agnats, ils ont droit aux 3/4 (const. de Théodose, Arcadius et Valentinien).

- **Agnats**
  - les frères et sœurs émancipés concourent avec les frères et sœurs restés en puissance et prennent la moitié de leur part proportionnelle (const. d'Anastase) ;
  - la mère jouissant du *jus liberorum* (3) succède à ses enfants légitimes ou naturels décédés sans postérité ni frères consanguins ; la mère concourt avec les sœurs et est exclue par le père (sén. cons. Tertullien).
  - les enfants, sans distinction de sexe ou de situation, succèdent à leur mère en première ligne (sén. cons. Orphitien) ;
  - cette disposition a été étendue aux petits-enfants pour la succession de leur aïeul (const. de Théodose, Arcadius et Valentinien) ;
  - les enfants venant en vertu du sén. cons. Orphitien sont préférés à la mère appelée par le sén. cons. Tertullien.

---

(1) Pourvu que l'agnation ne résulte ni d'adoption, ni d'adrogation ; car, dans ce cas, il n'y a pas de cognation naturelle.
(2) Excepté pour les enfants des cousins issus de germains.
(3) Pour jouir du *jus liberorum*, une femme devait avoir mis au monde trois enfants viables si elle était ingénue, quatre si elle était affranchie.

Successions ab intestat (Suite).

Sous Justinien :

- **Héritiers siens**
  - les enfants adoptés par tout autre qu'un ascendant conservent leurs droits de succession dans leur famille naturelle et succèdent *ab intestat* à leur père adoptif ;
  - les enfants adoptés par un ascendant changent de famille et supportent les conséquences de ce changement (1) ;
  - les descendants par les filles excluent définitivement les agnats.

- **Agnats**
  - les frères et sœurs émancipés et leurs enfants au premier degré concourent avec ceux qui sont demeurés dans la famille ;
  - les descendants d'agnats succèdent à leurs agnats ;
  - les frères et sœurs utérins cognats par les femmes et leurs enfants au premier degré concourent avec les frères et sœurs agnats ;
  - la dévolution est admise dans l'ordre des agnats ;
  - la mère bénéficie du sén. cons. Tertullien, alors même qu'elle n'aurait eu qu'un enfant, elle exclut tous autres que les descendants et les frères et sœurs ; s'il y a des sœurs, elle prend la moitié ; s'il y a des frères et sœurs, on partage par tête.

- **Systèmes des novelles 118 et 127, — cinq classes d'héritiers :**
  - 1° les descendants ;
  - 2° les ascendants en concours avec
    - les frères et sœurs germains, par tête,
    - leurs descendants au premier degré, par représentation ;
  - 3° les frères et sœurs germains et leurs enfants, en raison du privilège du double lien ;
  - 4° les frères et sœurs consanguins ou utérins ;
  - 5° les autres collatéraux.
  - Il n'est plus tenu compte de l'agnation, ni de la différence entre les possessions de biens et l'hérédité.
  - Le conjoint survivant est exclu de la succession.

De l'assignation des affranchis (Titre 8).

L'assignation d'un affranchi
- a pour but de transférer à un ou plusieurs enfants du patron le droit exclusif de succéder à un affranchi ;
- peut être faite par le *paterfamilias* seul, en faveur d'un individu placé sous sa puissance, sans distinction de sexe ni de degré ;
- est réalisée, soit par testament, soit de toute autre manière ;
- s'évanouit
  - par révocation,
  - par émancipation du bénéficiaire de l'assignation,
  - par la mort du bénéficiaire sans postérité.

---

(1) Voir les effets de l'adoption sous Justinien aux matières de l'examen de première année (page 13).

Succession des affranchis (Titre 7).

La succession des affranchis est dévolue,

- **D'après la loi des Douze-Tables**
  - *ab intestat*
    - aux héritiers siens de l'affranchi : enfants légitimes, enfants adoptifs, *uxor in manu* ;
    - à défaut d'héritiers siens, au patron et à ses enfants jouant le rôle d'agnats, sans distinction de sexes.
  - en cas de testament
    - à quiconque est régulièrement institué, fût-il étranger ;
    - la femme affranchie ne pouvait tester qu'avec le consentement de son patron.

- **D'après le droit prétorien**
  - *ab intestat*
    - aux enfants légitimes de l'affranchi ;
    - par moitié aux enfants adoptifs ou à l'*uxor in manu*, au patron ou à ses enfants mâles.
  - en cas de testament
    - le patron pouvait obtenir, contre tout institué autre qu'un enfant naturel, la *bonorum possessio contra tabulas* jusqu'à concurrence de la moitié du patrimoine de l'affranchi.

- **D'après la loi *Papia Poppæa***
  - au patron — même en concours avec les enfants naturels, si l'affranchi a laissé plus de 100,000 sesterces ou moins de trois enfants ;
  - à la patronne
    - affranchie, mère de trois enfants ;
    - ingénue :
      - mère de deux enfants — elle jouissait des avantages accordés aux patrons par le droit prétorien ;
      - mère de trois enfants — elle avait en outre le droit de prendre une part virile contre les enfants naturels.
  - (L'affranchie mère de quatre enfants, étant libérée de la tutelle, peut tester sans autorisation ; le patron a droit à une part virile dans la succession.)

Observation. — Ces règles sont applicables aux seuls affranchis citoyens romains ; quant aux Latins-Juniens, ils n'ont point le droit de tester et leur patron recueille leurs biens *jure peculii*.

- **Sous Justinien :**
  - *ab intestat*
    - aux enfants de l'affranchi, même nés en esclavage, pourvu qu'ils soient libres lors de l'ouverture de la succession ;
    - aux ascendants, frères et sœurs de l'affranchi ;
    - au patron, à la patronne et à leurs enfants ;
    - aux cognats du patron et de la patronne jusqu'au cinquième degré ;
    - au conjoint du *de cujus*.
  - en cas de testament
    - aux enfants institués, à l'exclusion du patron ;
    - à tout institué, si la fortune est de moins de 100 sous d'or ;
    - pour un tiers au moins au patron, si la fortune dépasse cette somme.

Des possessions de biens (Titre 9).

La possession de biens, ou succession prétorienne, est un droit conféré par le préteur à certaines personnes, pour confirmer, étendre ou corriger le droit civil.

Les possessions de biens sont :
- ordinaires
  - testamentaires
    - *contra tabulas* — pour contredire un testament valable ;
    - *secundum tabulas* — pour exécuter un testament nul selon le droit civil ;
  - *ab intestat*
    - *unde liberi* (1) — pour les héritiers siens et assimilés ;
    - *unde legitimi* — donnée
      - aux agnats,
      - à la mère (sén. cons. Tertullien).
      - aux enfants (sén. cons. Orphitien),
      - aux patrons et à leurs descendants ;
    - *unde cognati*
      - pour les cognats jusqu'au 6ᵉ degré,
      - pour les enfants d'issus de germains ;
    - *unde vir et uxor* — donnée, en l'absence de *manus*, au conjoint survivant non divorcé ;
    - *unde decem personæ* — donnée à dix cognats de l'individu affranchi *ex mancipio*, par préférence au *manumissor extraneus* investi des droits de patronage ;
    - *tum quem ex familia* — donnée aux agnats du patron ;
    - *unde patronus et patrona, liberique eorum et parentes* — donnée au patron du patron et à sa famille ;
    - *unde cognati manumissoris* — donnée aux cognats du patron.
- extraordinaires — *uti ex legibus* — donnée, en vertu d'une disposition législative, dans les successions testamentaires ou *ab intestat*.

sont :
- *edictales* — données en vertu d'un édit ;
- *decretales* — données après examen de l'espèce.

sont :
- *cum re* — possession efficace donnée à l'héritier du droit civil ou à son défaut ;
- *sine re* — possession provisoire laissant le possesseur exposé à la revendication de l'héritier du droit civil.

La *bonorum possessio* devait être demandée :
- dans le délai d'un an, pour les descendants et ascendants ;
- dans le délai de cent jours pour les autres.
- Ces délais se composent de jours utiles.

---

(1) Abréviation de la phrase : « *ea pars edicti unde liberi vocantur*. »

De l'adrogation (Titre 10).

Les biens et créances de l'adrogé
- avant Justinien
  - passent en pleine propriété à l'adrogeant,
  - à l'exception
    - des droits d'usufruit et d'usage éteints par la *minima capitis deminutio*,
    - du *peculium castrense* qui reste propre à l'adrogé.
- sous Justinien
  - passent à l'adrogeant en usufruit seulement : — les droits d'usufruit et d'usage lui sont également acquis ;
  - sont acquis définitivement à l'adrogeant si l'adrogé meurt sans descendants ni frères ni sœurs.

Les dettes de l'adrogé
- provenant d'une hérédité — passent sur la tête de l'adrogeant qui en est tenu comme un héritier ;
- résultant d'un délit — subsistent contre l'adrogé.
- contractées par l'adrogé
  - en droit civil, s'éteignent par la *capitis deminutio* ;
  - en droit prétorien, sont maintenues, *utilitatis causa*, directement contre l'adrogé et indirectement contre l'adrogeant ;
  - sous Justinien, sont recouvrées directement contre l'adrogeant.

Addictio bonorum libertatis causa (Titre 11).

L'*addictio bonorum*
- est l'attribution du patrimoine d'un défunt faite, à défaut de tout héritier, à une personne qui s'engage à accomplir les affranchissements ordonnés par le *de cujus*.
- est accordée
  - à l'origine, à un esclave affranchi *mortis causa* par le *de cujus* ;
  - plus tard
    - au premier individu qui demandait l'*addictio* ;
    - collectivement à tous ceux qui la demandaient simultanément.
  - à charge,
    - au début,
      - de donner caution aux créanciers pour le paiement intégral de leurs créances,
      - d'exécuter tous les affranchissements ;
    - sous Justinien,
      - de payer une partie des dettes,
      - d'exécuter quelques-uns des affranchissements.
  - en principe, jusqu'à la vente des biens ;
  - sous Justinien, même dans l'année qui suit cette vente.
- a pour effets
  - d'empêcher la vente en masse sous le nom du *de cujus*,
  - d'assurer aux créanciers une part supérieure à celle qu'ils obtiendraient par la vente en masse,
  - de procurer la liberté aux esclaves affranchis par le *de cujus* (1),
  - de placer l'adjudicataire dans la situation d'un *bonorum possessor*,
  - de lui attribuer les droits de patronage
    - sur les esclaves qu'il affranchit,
    - sur ceux que le *de cujus* avait directement affranchis, si cette condition a été posée avant l'*addictio*,
  - de laisser irrévocables les affranchissements exécutés, dans le cas où l'héritier, obtenant la *restitutio in integrum*, ferait révoquer l'*addictio bonorum*.

---

(1) Sous Justinien, au moins à quelques-uns d'entre eux.

Venditio bonorum (Titre 12).

La *venditio bonorum* est la vente en masse des biens d'un débiteur faite par ses créanciers et entraînant l'infamie.

Formalités :
- L'envoi en possession
  - a lieu
    - lorsque le débiteur se cache par fraude,
    - lorsqu'il est absent et que personne ne prend sa défense,
    - lorsqu'il a fait cession de biens à ses créanciers,
    - lorsque, condamné par le juge, il n'a pas exécuté la sentence,
    - lorsque le débiteur est mort et n'a pas d'héritier ;
  - s'obtient par décret du préteur rendu *cognita causa* ;
  - dessaisit le débiteur de la garde de ses biens qui passent entre les mains des créanciers ;
  - dure
    - trente jours si le débiteur est vivant,
    - quinze jours si le débiteur est mort.
- Un curateur
  - est nommé par le magistrat sur la présentation des créanciers ;
  - a pour fonctions d'administrer les biens.
- Des affiches appelées *proscriptiones* sont apposées par ordre du magistrat.
- Le préteur convoque par décret les créanciers qui élisent un syndic (*magister*), chargé des opérations de la vente.
- Le *magister* rédige la *lex bonorum vendendorum* (cahier des charges) qui contient l'état de l'actif et du passif du débiteur, ainsi qu'une sorte de mise à prix dont le chiffre est un dividende.
- L'adjudication
  - a lieu
    - si le débiteur est vivant, trente jours } après la nomination du syndic ;
    - si le débiteur est mort, vingt jours
  - se fait par offres d'enchères représentées par un dividende ;
  - entraîne l'infamie pour le débiteur ;
  - rend l'adjudicataire *bonorum possessor*.

Sous Justinien, cette procédure compliquée est remplacée par la *distractio bonorum* ou vente en détail qui n'entraîne plus l'infamie pour le débiteur.

Du sénatus-consulte Claudien (Titre 12).

Le sénatus-consulte Claudien, abrogé par Justinien comme immoral, avait en vue toute femme libre qui, malgré trois avertissements donnés par le maître d'un esclave, persistait dans ses relations avec ce dernier.

En principe, cette femme tombait, elle et tous ses biens, en la puissance du maître de l'esclave.

Exceptions :
- si elle était une affranchie, elle retombait esclave de son patron, à moins qu'il n'ait eu connaissance de sa conduite ;
- si elle agissait avec l'assentiment du maître de l'esclave
  - elle était réputée son affranchie ;
  - ses enfants, à l'origine libres ou esclaves suivant les conventions avec le maître, naissaient toujours libres depuis Adrien.

II. DES ACQUISITIONS A TITRE PARTICULIER.

Des obligations en général (Titre 13).

L'obligation est un lien de droit entre deux personnes dont l'une, le créancier, peut exiger de l'autre, le débiteur, un paiement ou un service.

L'obligation consiste
- a pour objet une action dirigée contre la personne du débiteur.
  - *ad dandum*, à transférer la propriété,
  - *ad faciendum*, à exécuter un fait ou à s'en abstenir,
  - *ad præstandum*, à procurer la jouissance ou la possession d'une chose.

Les obligations
- sont
  - civiles — sanctionnées par le droit civil,
  - prétoriennes ou honoraires — munies d'actions ou d'exceptions prétoriennes ;
- sont
  - de droit — dont l'exécution peut être poursuivie par les voies de droit,
  - naturelles
    - à l'exécution desquelles le débiteur ne peut être contraint par voie d'action,
    - qui sont une juste cause d'acquisition s'opposant à l'usage de la *condictio indebiti* ;
- sont
  - principales — existant par elles-mêmes, indépendamment de toute autre,
  - accessoires — se rattachant à une obligation principale ;
- sont
  - pures et simples — dont l'effet est complet, immédiat et définitif ;
  - affectées de modalités
    - terme — délai fixe ou indéterminé affectant l'exercice et non l'existence du droit,
    - condition — événement futur et incertain auquel se rattache l'ouverture ou l'extinction d'un droit,
    - clause pénale — obligation accessoire, consistant le plus souvent dans le paiement d'une somme d'argent et garantissant l'exécution de l'obligation principale.

Des obligations réelles (Titre 14).

- **Mutuum** (prêt de consommation)
  - contrat unilatéral, de droit strict entraînant
    - aliénation des choses prêtées,
    - obligation d'en restituer de pareilles ;
  - conditions
    - de capacité
      - chez le prêteur
        - qualité de propriétaire,
        - capacité d'aliéner (1) ;
      - chez l'emprunteur
        - capacité de s'obliger,
        - autorisation du père pour le fils de famille (voir ci-dessous page 41 — observation) ;
    - de formes
      - consentement réciproque des contractants,
      - tradition réalisée
        - soit par une remise directe,
        - soit indirectement
          - par l'entremise d'un tiers,
          - par un autre moyen.
  - effets
    - translation de propriété du prêteur à l'emprunteur ;
    - obligation pour l'emprunteur de rendre des choses de pareilles quantité et qualité.
    - le *mutuum* est gratuit c'est-à-dire sans intérêt, sauf
      - le prêt maritime,
      - le prêt de denrées,
      - les prêts d'argents faits par les banquiers, le fisc ou les municipalités.
    - l'exécution en est garantie par la *condictio certi ex mutuo*.

- **Commodat** (prêt à usage)
- **Dépôt**
- **Gage**
  - contrats bilatéraux de bonne foi
    - entraînant
      - changement de mains,
      - obligation de restituer la chose remise à moins qu'elle n'ait péri par cas fortuit ;
    - dont l'exécution est garantie par deux actions
      - directe — pour la restitution de la chose,
      - contraire — pour le remboursement des dépenses occasionnées par la détention de la chose.

- **Commodat**
  - contrat essentiellement gratuit ;
  - porte sur toute chose placée dans le commerce, qu'elle soit fongible ou non (2) ;
  - est fait dans l'intérêt du commodataire ;
  - donne au commodataire
    - un droit d'usage sur la chose,
    - le droit de répéter les dépenses faites pour la conservation de la chose et non pour la jouissance ;
  - oblige le commodataire
    - à prendre soin de la chose en bon père de famille,
    - à la restituer en bon état,
    - à n'user de la chose que d'une manière normale ou conformément à ce qui a été convenu.

---

(1) A défaut de cette condition, il n'y a pas translation de propriété ; le prêteur peut exercer l'action en revendication même contre les tiers détenteurs et, au cas où les objets livrés ont été consommés de mauvaise foi, l'action *ad exhibendum*.

(2) L'intention des parties peut faire du prêt un *mutuum* ou un commodat, quelle que soit la nature de la chose prêtée.

Des obligations réelles (Suite).

- **Dépôt**
  - **ordinaire**
    - contrat essentiellement gratuit ;
    - porte sur des choses mobilières et corporelles ;
    - est fait dans l'intérêt du déposant ;
    - impose au dépositaire l'obligation
      - de garder la chose comme sienne,
      - de ne pas s'en servir,
      - de la restituer, sauf la perte par cas fortuit.
  - **nécessaire ou misérable**
    - déterminé par des circonstances de force majeure (incendie, etc.) ;
    - pouvant entraîner contre le dépositaire qui nie le dépôt une condamnation au double.
  - **irrégulier** — portant sur une chose de genre que le dépositaire n'est pas tenu de restituer *in specie*, mais seulement *in genere*.

- **Dépôt — séquestre**
  - portant sur une chose litigieuse entre des tiers, qu'elle soit meuble ou immeuble ;
  - entraînant obligation de rendre à celui qui gagne le procès ;
  - donnant au dépositaire non-seulement la détention mais la possession civile de la chose.

- **Gage**
  - contrat accessoire garantissant l'exécution d'une obligation principale.
  - **dans l'ancien droit**
    - constitué par mancipation ou par cession *in jure* ;
    - entraînant translation de propriété ;
    - la restitution du gage était garantie
      - par un contrat de fiducie,
      - par l'*usu receptio* (1).
  - **sous Justinien (3)**
    - est constitué par tradition
      - volontaire,
      - faite par ordre du magistrat ou de la loi ;
    - n'entraîne pas translation de la propriété, mais seulement de la possession ;
    - donne au créancier gagiste le droit d'aliéner le gage, bien qu'il n'en soit pas propriétaire (2) ;
    - peut porter
      - sur des meubles,
      - sur des immeubles,
      - par extension, sur des choses incorporelles ;
    - oblige le créancier gagiste
      - à prendre soin du gage sans en faire usage,
      - à restituer le gage après le paiement de la dette,
      - à tenir compte au débiteur de l'excédant du prix s'il vend le gage ;
    - peut être accompagné de pacte
      - d'antichrèse — donnant au créancier le droit de percevoir les fruits en compensation des intérêts de sa créance ;
      - commissoire — rendant le créancier propriétaire du gage faute du paiement (disposition prohibée depuis Constantin).

---

(1) Voir aux matières de l'examen de première année, page 22.
(2) Voir *loc. cit.*, page 24.
(3) Le droit prétorien imagina en faveur des propriétaires de biens ruraux un droit réel appelé hypothèque, applicable aux meubles comme aux immeubles : la seule différence entre ce droit et le gage consiste en ce que le changement de mains nécessaire à l'établissement du gage n'est pas indispensable à l'existence de l'hypothèque (voir ci-dessous page   ).

Des obligations verbales (Titres 15 et 16).

Dictio dotis
- constitution de dot au profit de l'époux en vue du mariage ;
- engagement pouvant être pris
  - par la femme,
  - par le débiteur de la femme, sur son ordre,
  - par l'ascendant paternel de la femme ;
- promesse parfaite sans qu'il y ait interrogation du mari ;
- mode de s'obliger tombé en désuétude sous Justinien.

Jurata promissio liberti
- mode par lequel un affranchi s'oblige envers son patron ;
- consistant en une promesse sous serment ;
- n'exigeant pas l'interrogation du patron.

La stipulation
- forme d'obligation
  - applicable à toute sorte de convention licite ;
  - consistant dans une interrogation suivie d'une réponse conforme ;
- présente l'avantage de préciser la nature et l'étendue de l'obligation ;
- a l'inconvénient
  - d'être entachée de nullité par suite d'une erreur de forme (1),
  - d'être inapplicable entre absents,
  - d'être interdite aux sourds et aux muets ;
- est de deux sortes
  - certaine, lorsqu'elle a pour objet une chose déterminée,
  - incertaine, lorsque l'objet n'est pas déterminé en nature, quantité et qualité (2) ;
- donne ouverture à la *condictio*
  - *certi*, en cas de stipulation certaine ;
  - *incerti*, en cas de stipulation incertaine (*actio ex stipulatu*).

Obligations corréales ou solidaires
- ne se présument pas et sont l'exception ;
- résultent
  - dans une stipulation, des formes employées ;
  - dans les contrats de bonne foi, d'une convention spéciale ;
  - d'un quasi-contrat (par exemple, entre cotuteurs, etc.) ;
  - d'un délit ou d'un quasi-délit.
- effets
  - s'il y a plusieurs costipulants
    - chacun d'eux peut agir contre le débiteur ;
    - le débiteur doit payer intégralement au poursuivant ;
    - il est libéré envers tous les costipulants par ce paiement intégral ;
    - l'action d'un costipulant conserve le droit des autres.
  - s'il y a plusieurs copromettants
    - chacun d'eux peut être poursuivi par le créancier ;
    - le premier poursuivi doit payer intégralement ;
    - ce paiement éteint la dette à l'égard de tous les copromettants (3) ;
    - les poursuites contre l'un d'eux interrompent la prescription contre tous ;
    - la perte de la chose par le fait d'un des copromettants ne libère pas les autres de l'obligation d'en payer la valeur.
  - le costipulant qui a reçu le paiement
    - partage avec ses cocréanciers s'il y a société entre eux ;
    - conserve la chose pour lui seul dans le cas contraire.
  - le copromettant qui a payé
    - a son recours contre ses codébiteurs s'il y a société entre eux ;
    - n'a aucun recours dans le cas contraire.

---

(1) L'usage de termes sacramentels, nécessaire au début, fut supprimé par l'empereur Léon qui permit l'emploi de toute langue et de toutes paroles.

(2) Une stipulation incertaine en principe devient certaine si on y ajoute une clause pénale consistant en une somme d'argent.

(3) Avant Justinien, la *litis contestatio* contre un des codébiteurs opérait novation et libérait les autres codébiteurs.

Des obligations verbales (Suite).

De la stipulation des esclaves (Titre 17).

L'esclave
- n'a par lui-même aucune capacité juridique ;
- emprunte la capacité de son maître pour lui acquérir ;
- ne peut ni s'obliger, ni obliger son maître à l'insu de ce dernier ;
- acquiert à son maître, même à l'insu de ce dernier ;
- ne peut stipuler pour un autre que pour son maître.

Servus communis
- esclave appartenant à plusieurs maîtres ;
- acquiert à chacun de ses maîtres proportionnellement au droit qu'il a sur l'esclave ;
- à moins que
  - il n'ait agi par l'ordre d'un seul de ses maîtres,
  - il n'ait stipulé nominativement pour l'un d'eux,
  - il n'ait stipulé une chose appartenant à l'un d'eux (1).

Servus hereditarius
- esclave appartenant à une hérédité jacente ;
- emprunte la capacité du défunt ;
- acquiert à la masse héréditaire ;
- ne peut, faute d'ordre exprès, accepter une hérédité qui lui est échue ;
- ne peut stipuler un droit d'usufruit ou d'usage qui suppose l'existence d'une personne appelée à en jouir ;
- s'il stipule nominativement pour l'héritier,
  - ne fait rien de valable si l'héritier renonce,
  - agit valablement si l'héritier fait addition.

L'esclave d'autrui, l'homme libre possédé comme esclave, acquièrent au possesseur de bonne foi
- *ex re possessoris*,
- *ex operis servi*.

L'usufruitier d'un esclave acquiert par lui
- *ex re sua*,
- *ex operis servi*.

L'usager d'un esclave acquiert par lui *ex re sua*.

Division des stipulations (Titre 18).

Les stipulations sont :

- conventionnelles — variées comme les obligations à contracter ;

- judiciaires (2) (ordonnées par le juge)
  - *cautio de dolo* — destinée à éviter que l'individu poursuivi en justice ne détériore la chose avant la restitution ;
  - *cautio de persequendo servo restituendove pretio* — destinée à sauvegarder les droits du créancier d'un esclave pour le cas où ce dernier s'évaderait *inter moras litis*.

- prétoriennes (2) (ordonnées par le préteur)
  - *cautio damni infecti* — destinée à assurer la réparation du préjudice causé par l'écroulement d'une construction menaçant ruine ;
  - *cautio legatorum* — destinée à éviter que le titulaire d'un legs à terme ou conditionnel ne soit frustré par suite des prodigalités de l'héritier.

- communes (2) (ordonnées par le préteur ou par le juge)
  - *cautio rem pupilli salvam fore* — exigée de certains tuteurs, soit à leur entrée en fonctions, soit à la requête d'un débiteur du pupille ;
  - *cautio de rato* — exigée du procureur afin de garantir la ratification du mandant (3).

---

(1) Dans ce dernier cas, la stipulation profite aux maîtres de l'esclave, à l'exception de celui qui est propriétaire de la chose stipulée.
(2) Énumérations non limitatives.
(3) *Vide infra*, page 43.

Des obligations verbales (Suite).

Des stipulations inutiles (Titre 19).

Cas de nullité des stipulations :
- objet
  - inexistant et ne pouvant exister ;
  - hors du commerce des hommes en général lors de la stipulation ;
  - hors du commerce du stipulant, à moins que la stipulation ne soit faite conditionnellement en vue de cette circonstance ;
  - contraire aux lois et aux bonnes mœurs ;
  - stipulation faite pour autrui.
- incapacité
  - résultant de l'âge
    - l'*infans* est entièrement incapable de stipuler comme de s'obliger ;
    - l'impubère de 7 à 14 ans
      - peut stipuler seul,
      - peut promettre avec le concours de son tuteur ;
    - le pubère de 14 à 25 ans
      - ne peut promettre sans le *consensus* de son curateur,
      - peut obtenir, en cas de lésion, la *restitutio in integrum*.
  - résultant de l'altération des facultés mentales
    - le fou
      - pendant ses intervalles lucides est pleinement capable,
      - pendant ses accès de folie est frappé d'incapacité ;
    - le prodigue interdit peut stipuler et non promettre.
- forme
  - défaut d'accord réel entre les parties ;
  - non-conformité de la demande et de la réponse solennelles.
- modalités (1)
  - conditions
    - impossibles,
    - contraires aux lois et aux bonnes mœurs ;
  - stipulation préposthère — exécutoire avant l'arrivée de la condition ;
  - terme
    - postérieur à la mort du stipulant,
    - dépendant de la mort du stipulant (2).

Des fidéjusseurs (Titre 20).

Le cautionnement (*adpromissio*) affecte trois formes :
- *sponsio* — spéciale aux citoyens romains —
- *fidepromissio* — usitée surtout entre pérégrins —
  - applicables à toute stipulation, même nulle ;
  - ne peuvent garantir que des obligations verbales consistant à *dare* ;
  - donnent lieu à une obligation personnelle ;
  - s'éteignent au bout de deux ans, à compter de l'échéance de la dette ;
  - se divisent de plein droit entre les cautions.
- *fidejussio*
  - applicable à des obligations préexistantes et tout au moins naturelles ;
  - applicable à toute espèce d'obligation, quels qu'en soient l'objet et la forme ;
  - oblige perpétuellement les fidéjusseurs et passe à leurs héritiers ;
  - obligeait, jusqu'à Adrien, le fidéjusseur à payer toute la dette sans qu'il pût opposer la division.

---

(1) Justinien a déclaré ces stipulations valables.
(2) La jurisprudence avait admis comme valable le terme *quum moriar*.

Des fidéjusseurs (Suite).

La fidéjussion
- obligation accessoire
  - ne pouvant exister sans une obligation principale ;
  - ne pouvant avoir d'autre objet que l'obligation principale ;
  - ne pouvant être plus étendue qu'elle (1) ;
  - pouvant être moins étendue.
- donne recours contre le débiteur principal
  - par l'action de mandat si le fidéjusseur a agi à l'instigation du débiteur principal,
  - par l'action de gestion d'affaires, s'il a agi à son insu.
- ne donne aucun recours si le fidéjusseur a agi malgré le débiteur principal ou dans une intention libérale.
- donne au fidéjusseur, sous Justinien, les bénéfices
  - de division
    - à charge de le demander au magistrat ;
    - consistant à répartir la dette entre les cofidéjusseurs solvables ;
    - refusé
      - aux fidéjusseurs ayant nié leur qualité,
      - aux cautions d'un tuteur ;
  - de cession d'actions
    - à charge de le demander avant le paiement et la *litis-contestatio* ;
    - faisant du fidéjusseur un *procurator in rem suam* agissant à ses risques et périls ;
    - investissant le fidéjusseur des droits de gage, d'hypothèque ou de privilége attachés à l'obligation principale.
  - d'ordre ou de discussion
    - consistant à forcer le créancier à poursuivre en premier lieu le débiteur principal ;
    - libérant le fidéjusseur de toute portion de dette acquittée par le débiteur principal.

De l'intercession des femmes et du sénatus-consulte Velléien (Titre 20).

D'après le sénatus-consulte Velléien
- les femmes ne pouvaient intercéder pour autrui ;
- elles pouvaient s'obliger
  - si elles n'agissaient pas dans l'intérêt d'autrui ;
  - si elles y avaient un intérêt quelconque.
- elles avaient
  - une exception pour repousser l'action du créancier ;
  - la *condictio indebiti* pour répéter ce qu'elles avaient indûment payé.

Sous Justinien
- les femmes peuvent intercéder pour un tiers, si leur volonté est établie
  - par une réitération,
  - par un écrit public ;
- elles ne peuvent intercéder pour leur mari, à moins que leur intérêt ne soit évident.

Remarque. — L'incapacité de la femme qui, d'après le sénatus-consulte Velléien, était une sorte de déchéance imposée eu égard au sexe, est devenue, sous Justinien, une protection attachée à la qualité de femme mariée.

---

(1) La fidéjussion étant un contrat de droit strict semble devoir être tenue pour nulle si elle excède l'obligation principale.

Des obligations littérales (Titre 21).

Expensilatio ou *transcriptitia nomina*
- forme d'obligation
  - permise originairement aux citoyens romains seuls ;
  - étendue aux pérégrins lorsqu'elle a lieu *a re in personam* ;
  - spéciale aux obligations de quantités certaines ;
  - consistant dans une mention portée sur les *tabulæ* (1) du créancier et corroborée ou non par une mention correspondante sur les *tabulæ* du débiteur ;
- présente, comme la stipulation, l'avantage de préciser l'obligation ;
- est applicable entre absents ;
- aboutit toujours à la *condictio certi* ;
- ne peut être faite sous condition ;
- est un contrat de droit strict ;
- s'opère
  - *a re in personam* — novation par changement de mode d'obligation ;
  - *a persona in personam* — novation par changement de débiteur.

Chirographa. — Écrits émanés du débiteur et conservés par le créancier.

Syngraphæ. — Écrits signés du créancier et du débiteur et conservés par chacun d'eux (forme d'obligation littérale en usage parmi les pérégrins).

Exceptio non numeratæ pecuniæ
- introduite par le préteur pour permettre au débiteur de résister contre un créancier de mauvaise foi ;
- oblige le créancier à prouver le fait du paiement ;
- peut être opposée
  - à l'origine, pendant un an ;
  - sous Marc-Aurèle, pendant cinq ans ;
  - sous Justinien
    - pendant deux ans en règle générale ;
    - perpétuellement, moyennant une protestation adressée au créancier ou au magistrat.
- si le débiteur ne l'oppose pas, son silence est considéré comme un aveu.

Des obligations consensuelles (Titre 22).

Les contrats consensuels
- sont parfaits par le seul consentement des parties ;
- peuvent avoir lieu entre absents ;
- engendrent des obligations réciproques (synallagmatiques) ;
- sont de bonne foi.

---

(1) Le père de famille tenait, à Rome, deux livres : l'un, *adversaria*, sorte de livre-journal, dénué d'autorité juridique ; l'autre, *tabulæ* ou *codex*, faisant foi en justice.

Des obligations consensuelles (Suite).

De la vente (Titre 23).

La vente
- contrat synallagmatique comprenant
  - une chose dont la possession utile est transférée,
  - un prix déterminé (*pretium*),
  - un accord des parties sur la chose et sur le prix.
- est parfaite
  - en principe, dès qu'il y a accord des parties ;
  - s'il doit y avoir un écrit, dès que l'acte a été régulièrement dressé (1).
  - si des arrhes ont été données
    - par le seul consentement ;
    - sous Justinien
      - s'il ne doit pas y avoir d'écrit, lors de l'exécution du contrat ;
      - s'il est dressé un écrit, dès qu'il a été rédigé (2).
- s'applique à tout ce qui est dans le commerce
  - corps certain,
  - quantité déterminée,
  - choses incorporelles,
  - choses futures,
  - choses d'autrui (3).
- ne peut porter
  - sur une chose hors du commerce ; l'action *ex empto* fait obtenir des dommages-intérêts à l'acheteur inconscient de cette cause de nullité ;
  - sur une hérédité future, à moins que le *de cujus* n'y consente ;
  - sur une chose périe antérieurement au contrat — la vente est nulle faute d'objet.
- comporte un prix
  - certain ou déterminable autrement que par la volonté des parties ;
  - non simulé, quelque minime qu'il soit d'ailleurs ;
  - consistant en argent monnayé — autrement, il y aurait échange, contrat réel entraînant une double translation de propriété.
- est
  - pure et simple,
  - conditionnelle,
  - à terme.

Obligations
- du vendeur
  - livrer la chose, mais non en transférer la propriété ;
  - garantir l'acheteur de toute éviction juridique ;
  - garantir les vices cachés de la chose, à moins que la vente n'ait été faite sans garantie.
- de l'acheteur
  - payer le prix en transférant la propriété des écus ;
  - rembourser les impenses utiles faites depuis la vente ;
  - payer les intérêts du prix du jour de la tradition, s'il n'y a terme.

---

(1) Innovation de Justinien.
(2) Dans l'ancien droit, les arrhes n'étaient qu'un moyen de preuve ; sous Justinien, elles sont devenues un moyen de dédit, à charge, par celui qui les a données, de les perdre, par celui qui les a reçues de les restituer au double (*sic* Pothier, Ortolan, etc., Code civil, art. 1590).
(3) En droit romain, la vente de la chose d'autrui est possible parce qu'elle n'oblige le vendeur qu'à en procurer la paisible possession : en droit français, elle est interdite parce que la vente y implique l'idée d'aliénation, c'est-à-dire de translation de propriété.

Des obligations consensuelles (Suite).

De la vente (Suite).

Risques de la chose vendue	chose de genre, — les risques sont toujours pour le vendeur.		
	corps certain	vente pure et simple et vente à terme	dès que la vente est parfaite, les risques sont à la charge de l'acheteur qui supporte sans modification du prix et indépendamment de toute livraison les chances de gain et de perte par cas fortuit ;
		vente conditionnelle	la perte totale survenue avant l'événement de la condition est à la charge du vendeur, en ce sens qu'il perd la chose et n'en reçoit pas le prix (la vente est nulle faute d'objet) ; la perte partielle est pour l'acheteur qui doit le prix tel que (il bénéficierait, le cas échéant, de l'accroissement de valeur).
		vente à l'essai — vente sous condition que la chose livrée sera reconnue bonne.	

Pactes accessoires à la vente :
- *addictio ad diem* — clause par laquelle e vendeur se réserve de ne pas exécuter la vente ou de la résilier si, dans un temps fixé, il trouve des conditions plus avantageuses ;
- pacte commissoire — clause par laquelle le vendeur se réserve le droit de résilier la vente si le prix n'est pas payé dans le délai fixé ;
- pacte de réméré — clause par laquelle le vendeur se réserve pendant un certain temps la faculté de racheter la chose vendue, en restituant le prix reçu.

La rescision pour lésion
- peut être demandée par le vendeur d'immeubles lorsque le prix est inférieur à la moitié de la valeur réelle de la chose ;
- laisse à l'acheteur la faculté { de garder la chose en payant le supplément du prix ; de rendre la chose et de réclamer le prix payé.

Actions se rattachant à la vente :
- *venditi* ou *ex vendito* — pour obtenir le prix (1) ;
- *empti* ou *ex empto* — pour obtenir la chose ou, en cas d'éviction, une indemnité égale à la valeur de la chose au moment de l'éviction (1) ;
- rédhibitoire — (durant six mois) par laquelle l'acheteur rend la chose à cause des vices cachés, ou obtient une indemnité du vendeur ;
- *quanto minoris* — (durant un an) par laquelle l'acheteur obtient une somme égale à la dépréciation de la chose par suite des vices cachés ;
- *ex stipulatu* — action de droit strict par laquelle l'acheteur obtient, en cas d'éviction et en vertu d'une clause spéciale, le double du prix payé par lui.

---

(1) Ces actions sont directes et de bonne foi.

Dès obligations consensuelles (Suite).

Du louage (Titre 24).

Louage
- contrat synallagmatique consistant en
  - une chose à procurer ;
  - un prix (*merces*)
    - déterminé,
    - non simulé,
    - consistant en argent monnayé ;
  - un accord sur la chose et sur le prix.
- est de trois sortes :
  - louage de choses,
  - louage de services,
  - louage d'ouvrage.
- on appelle
  - *locator,* le bailleur ou locateur ;
  - *conductor,* le preneur ou locataire ;
  - *colonus,* le locataire d'un bien rural ;
  - *inquilinus,* celui d'une maison.
- donne lieu à deux actions
  - *locati,* ouverte au bailleur
    - pour se faire payer le prix du loyer,
    - pour se faire restituer la chose à l'expiration du bail,
    - pour obtenir réparation du préjudice causé par la faute du locataire ;
  - *conducti,* ouverte au locataire
    - pour obtenir la jouissance de la chose,
    - pour se faire indemniser des troubles subis,
    - pour se faire rembourser ses impenses.

Comparaisons
- l'acheteur
  - a droit à la mise en possession complète et peut usucaper ;
  - supporte les chances de perte par cas fortuit sans diminution du prix.
- le locataire
  - obtient la possession, mais à titre précaire seulement ;
  - cesse d'être tenu du prix, du jour où la jouissance lui est enlevée par cas fortuit ;
  - n'a qu'un droit personnel et ne peut agir contre les tiers ;
  - en cas de vente de la chose, peut être expulsé, sans son recours contre le bailleur.
- l'usufruitier
  - a un droit réel et peut agir contre les tiers ;
  - conserve ses droits nonobstant la vente par le nu-propriétaire.

Le louage prend fin
- par l'arrivée du terme, sauf le cas de tacite reconduction ;
- par la perte de la chose louée ;
- par la sentence du juge
  - pour abus de jouissance,
  - pour défaut de paiement du prix pendant deux ans ;
- par la volonté du bailleur qui peut toujours occuper personnellement sa chose ;
- par le mutuel consentement des parties ;
- par la mort de l'entrepreneur, pour la *locatio operis.*

L'emphytéose ou bail à long terme
- s'établit
  - par convention,
  - par acte de dernière volonté ;
- donne le droit de jouir de la chose, même en en transformant la substance ;
- met les risques
  - de perte totale à la charge du propriétaire,
  - de perte partielle à celle de l'emphytéote ;
- est transmissible à des successeurs même à titre particulier ;
- en cas de vente, donne au propriétaire un droit de préemption ou une part de 2 p. 0/0 sur le prix ;
- s'éteint
  - par la perte totale de la chose,
  - par le non-paiement de la redevance pendant trois ans,
  - par la mort de l'emphytéote sans héritiers.

Des obligations consensuelles (Suite).

De la société (Titre 25).

Société
- contrat consistant dans
  - l'union volontaire de plusieurs personnes,
  - avec apport réciproque,
  - en vue d'un gain à partager.
- est de cinq sortes (1)
  - *totorum bonorum* — comprenant tout ce qui survient aux associés, même par succession, donation ou legs ;
  - *omnium quæ ex questu veniunt* — comprenant tous biens acquis à titre onéreux ;
  - *alicujus negotiationis* — formée pour un commerce déterminé ;
  - *unius rei* — spéciale à une seule opération de commerce ;
  - *vectigalis* — applicable au recouvrement des impôts.
- la part des associés est déterminée
  - par la convention
    - les parts peuvent être différentes en gain et en perte ;
    - un associé peut être dispensé de toute chance de perte au delà de son apport (2) ;
  - par l'arbitrage d'un tiers désigné à l'avance ;
  - par la loi qui, à défaut de convention, attribue à chacun une part virile.
- donne ouverture
  - à l'action *socii* ou *pro socio* pour l'exécution réciproque des engagements sociaux ;
  - à l'action *communi dividundo* pour le partage de la chose commune après dissolution de la société.
- se dissout
  - *ex personis*
    - par la mort d'un associé ;
    - par la *capitis deminutio* { *maxima* ou *media*, *minima* avant Justinien ;
    - par la confiscation ou par la cession des biens ;
  - *ex rebus*
    - par la perte de la chose mise en commun ;
    - par la fin de l'opération ;
  - *ex voluntate* — par la renonciation { ni inopportune, ni frauduleuse ;
  - *ex actione* — par une novation ;
  - *ex tempore* — par l'arrivée du terme convenu.

---

(1) Si les parties ne s'en sont pas expliquées, la société est présumée *totorum bonorum*.
(2) Cette solution n'est pas contraire au principe qui veut que chaque associé ait sa part dans les pertes, puisque l'associé favorisé perd toujours au moins son industrie ou son apport.

Des obligations consensuelles (Suite).

Du mandat (Titre 26).

Le mandat
- contrat gratuit (1) par lequel une personne en charge une autre d'un soin ou d'un fait ;
- est parfait dès que le mandataire a accepté le mandat ;
- donne naissance à deux actions
  - *directa* — pour assurer l'exécution du mandat ;
  - *contraria* — permettant au mandataire de se faire rembourser de ses frais, qu'ils aient profité au mandant ou non.
- a pour effets
  - de donner au mandataire un recours contre le mandant, jusqu'à concurrence du mandat ;
  - de laisser le mandataire agir en son propre nom en droit civil ; ce résultat a été modifié dans la suite (voir ci-dessous, pages 41 et 43).
- est contracté
  - purement et simplement,
  - à terme,
  - sous condition.
- prend fin
  - par la mort du mandant,
  - par la mort du mandataire (2) ou son incapacité,
  - par la révocation du mandat,
  - par la renonciation non intempestive du mandataire.

Des pactes (Titre 26).

Les pactes
- conventions non pourvues d'action par le droit civil.
- proviennent
  - du droit civil — institués par la jurisprudence ;
  - du droit prétorien — institués par le préteur ;
  - du droit impérial ou légitime — sanctionnés par des constitutions impériales.
- sont
  - isolés — contrats innomés ;
  - accessoires
    - ajoutés *in continenti*
      - si le contrat est de bonne foi, — le pacte fait corps avec le contrat ;
      - s'il s'agit d'une stipulation,
      - si le contrat est de droit strict — le pacte n'est valable que s'il décharge le débiteur ;
    - ajoutés *ex intervallo*
      - le pacte n'est valable que s'il décharge le débiteur ;
      - s'il s'agit de contrat consensuel, le pacte est considéré comme un second contrat.
- nus — conventions dépourvues d'actions et n'engendrant qu'une obligation naturelle.

---

(1) La gratuité n'empêche pas l'allocation d'honoraires, toutes les fois que le mandat s'adresse à la science ou au dévouement du mandataire.
(2) Les héritiers du mandataire doivent continuer les affaires en cas d'urgence ; ils exercent leur recours contre le mandant par l'action *negotiorum gestorum*.

Des obligations consensuelles (Suite).

Des contrats innomés (Titre 26).

Les contrats innomés
- ont pour but quatre opérations diverses :
  - *do ut des,*
  - *do ut facias,*
  - *facio ut des,*
  - *facio ut facias* ;
- sont, en principe, dénués d'effets juridiques faute d'action ;
- sont sanctionnés par la jurisprudence, dès que l'une des parties a exécuté la convention,
  - si les choses peuvent être remises en état, par la *condictio causa data, causa non secuta.*
  - dans le cas contraire :
    - suivant les Proculiens, par l'action *in factum præscriptis verbis* ;
    - suivant les Sabiniens, par l'assimilation à un des contrats nommés ou par l'action de dol.

Sous Justinien, la doctrine des Proculiens a prévalu et la partie qui a exécuté la convention a le choix entre l'action *præscriptis verbis* et la *condictio causa data, causa non secuta* : la première fait obtenir une somme représentative de l'intérêt des contractants; la seconde est calculée sur la valeur intrinsèque de la chose.

Des obligations qui naissent comme d'un contrat (Titre 27).

Les quasi-contrats résultent de cinq causes :
- la gestion d'affaires,
- la communauté d'une tutelle ou d'une curatelle } analogues au mandat ;
- la communauté ou l'indivision — analogue à la société ;
- l'acceptation d'une hérédité — sans analogie directe ;
- le paiement de l'indu — analogue au *mutuum.*

La gestion d'affaires
- donne lieu, comme le mandat, à deux actions contraires : *actio negotiorum gestorum directa, actio negotiorum gestorum contraria* ;
- ne donne aucune action si la gestion a été entreprise malgré le maître ; dans une intention libérale ;
- ne donne de recours au gérant qu'autant que ses dépenses ont été utilement faites ;
- donne au gérant l'action *mandati contraria*, dès que ses actes ont été ratifiés par le maître ;

La tutelle donne lieu à deux actions :
- *tutelæ directa*, pour la reddition des comptes ;
- *tutelæ contraria*, pour le remboursement des dépenses faites par le tuteur.

La curatelle donne naissance aux mêmes actions que la gestion d'affaires.

L'indivision se résout :
- par l'action *communi dividundo* entre copropriétaires ;
- par l'action *familiæ erciscundæ*, entre cohéritiers.

(Ces actions tendent au partage : les communistes ne sont pas tenus d'apporter une diligence supérieure à celle qu'ils mettent à leurs propres affaires.)

L'acceptation d'une hérédité lie l'héritier envers le légataire par l'action *ex testamento*.

Des obligations qui naissent comme d'un contrat (Suite).

Le paiement de l'indu
- donne naissance à la *condictio indebiti* ;
- comporte trois conditions :
  - que la chose payée ne soit due
    - ni civilement et purement,
    - ni civilement et à terme,
    - ni naturellement ;
  - que le paiement ait été fait par erreur (1) ;
  - que le paiement ne soit pas une transaction ;
- oblige l'*accipiens*
  - de bonne foi à rendre ce dont il s'est enrichi ;
  - de mauvaise foi à rendre ce qu'il a reçu.

De la prestation des fautes (TITRE 28).

La responsabilité
- résulte
  - du dol — action nuisible faite en connaissance de cause — le contractant en est toujours responsable ;
  - de la faute
    - lourde — résultat d'une négligence grossière — elle est assimilée au dol ;
    - légère
      - *in concreto* — en tenant compte des habitudes du débiteur — elle n'est pas imputable au débiteur qui a un intérêt commun avec le créancier, tel qu'un associé ;
      - *in abstracto* — comparativement à la conduite d'un propriétaire diligent — le débiteur en est généralement responsable, à moins qu'il n'ait aucun intérêt au contrat ou n'en ait été spécialement dispensé.
- ne résulte pas, sauf convention contraire, des cas fortuits — événements indépendants de la volonté du débiteur et ayant entraîné la perte partielle ou totale de la chose.
- (L'estimation de la chose est considérée comme transférant implicitement la responsabilité des cas fortuits (2).)

Personnes par lesquelles nous acquérons une obligation.

Les personnes par lesquelles nous acquérons une obligation sont les mêmes que celles par lesquelles nous acquérons la propriété (3).

---

(1) L'erreur doit, en principe, porter sur le fait ; si elle porte sur le droit, elle doit être excusable et n'être pas une cause d'enrichissement.
(2) Estimation vaut vente.
(3) Voir aux matières de l'examen de première année, page 24.

Extinction des obligations (TITRE 29).

Les obligations s'éteignent *ipso jure* (1)

- **par le paiement**
  - remise de la chose ou exécution de l'acte qui fait l'objet de l'obligation ;
    - qui peut être fait
      - par le débiteur principal,
      - par le débiteur accessoire,
      - par un tiers, même contre le gré du débiteur (2);
    - (Celui qui paie pour autrui doit avoir la volonté de le libérer, et, si l'obligation a pour objet une dation de chose, en être propriétaire et être capable de l'aliéner.)
  - qui doit être fait
    - au créancier, s'il est capable de recevoir,
    - à son mandataire,
    - au tuteur ou curateur,
    - à l'*adjectus solutionis gratia* (mihi aut Seio dare spondes ?) ;
  - qui peut être fait
    - à un tiers, si le créancier y consent,
    - par voie de consignation, si le créancier refuse de recevoir la chose ;
  - qui doit consister dans l'exécution stricte et intégrale de l'obligation, à l'époque et au lieu convenus ;
  - qui a pour effet d'éteindre
    - l'obligation principale,
    - les obligations accessoires,
    - les sûretés accessoires, telles que gage, hypothèque, etc.
  - qui se prouve
    - par quittance libératoire,
    - par témoins (au nombre de cinq si la dette est constatée par écrit).

- **par la dation en paiement**
  - prestation d'une chose autre que la chose due ;
  - qui exige le consentement du créancier ;
  - qui opère extinction
    - *ipso jure*, selon les Sabiniens,
    - moyennant l'exception de dol, selon les Proculiens ;
  - si le créancier est évincé de la chose (3)
    - la créance primitive revit ;
    - le créancier obtient une action utile *ex empto*.

- **par la novation**
  - transformation d'une obligation en une autre dans un but de commodité ;
  - exigeant
    - le consentement des parties ;
    - leur intention de nover : Justinien exige qu'elle soit expresse ;
    - une stipulation valable ou une obligation littérale ;
    - une obligation préexistante ;
    - un élément nouveau dans l'obligation
      - changement de dette
        - dans l'objet,
        - dans la cause,
        - dans les modalités
      - changement de débiteur ;
      - changement de créancier ;
      - changement dans les accessoires ;
  - ayant pour effet
    - d'éteindre l'obligation principale primitive,
    - d'éteindre les sûretés accessoires, à moins qu'elles n'aient été réservées.

---

(1) Les exceptions ont pour effet de paralyser les actions résultant des obligations et non d'éteindre ces dernières, *vide infra*, page 44.
(2) A moins que l'obligation n'ait eu spécialement en vue l'art personnel du débiteur.
(3) Ces deux solutions appartiennent, la première à l'école des Sabiniens, la deuxième à celle des Proculiens.

Extinction des obligations (Suite).

Les obligations s'éteignent *ipso jure* (suite)
- par l'acceptilation
  - paiement fictif qui produit les mêmes effets que le paiement ;
  - qui, comme la stipulation,
    - s'applique aux obligations verbales,
    - consiste en interrogation solennelle,
    - se passe de cause ;
  - qui, appliquée à une obligation non verbale, procure au débiteur une exception ;
  - remplacée, en cas d'obligation non verbale, par la stipulation aquilienne.
- par le mutuel dissentiment
  - qui s'applique seulement aux obligations consensuelles ;
  - qui consiste dans un simple accord de volontés ;
  - qui anéantit la précédente obligation ;
  - qui produit une obligation nouvelle si la précédente a reçu un commencement d'exécution.
- par la perte de la chose par cas fortuit (1),
  - pourvu qu'il s'agisse d'un corps certain ;
  - pourvu que le débiteur ne soit ni en faute, ni en demeure ;
  - pourvu que la chose soit périe totalement et ne revive pas.
- par la confusion
  - réunion sur la même tête des qualités de créancier et de débiteur d'une chose ;
  - ayant pour effet
    - d'éteindre l'obligation principale définitivement ;
    - d'éteindre la fidéjussion seule si la confusion se produit dans la personne du fidéjusseur.
- par la compensation
  - extinction de deux dettes l'une par l'autre ;
  - avant Justinien
    - admise dans les actions de bonne foi ;
    - inapplicable
      - aux actions *in rem*,
      - aux actions de droit strict (2) ;
    - Marc-Aurèle a étendu la compensation aux actions de droit strict par le moyen de l'exception de dol.
  - sous Justinien
    - elle reste judiciaire, mais a lieu *ipso jure*, sans le secours d'une exception ;
    - elle est admise dans les actions *in rem* ;
    - les créances doivent être liquides ;
    - elle est inapplicable aux cas de dépôt ou de spoliation.

---

(1) La perte par cas fortuit paralyse l'obligation plutôt qu'elle ne l'éteint.
(2) Excepté pour les banquiers et pour les individus créanciers et débiteurs d'un insolvable dont les biens ont été vendus en masse.

LIVRE IV.

Des obligations qui naissent d'un délit (Titre 1).

Les délits
- faits préjudiciables à autrui et réprimés par une loi (1) ;
- sont
  - publics — dont la poursuite appartient à tous,
  - privés — qui ne peuvent être poursuivis que par la personne lésée ;
- privés
  - donnent lieu
    - à une action privée, pour la réparation du préjudice,
    - à une action pénale, aboutissant à une condamnation pécuniaire ;
  - donnent naissance à des obligations réelles ;
  - sont au nombre de quatre d'après les Institutes
    - *furtum* — vol,
    - *rapina* — vol avec violence,
    - *damnum* — dommage,
    - *injuria* — injure.

Le vol
- *furtum est contrectatio rei fraudulosa lucri faciendi gratia.*
- exige trois conditions
  - soustraction de la chose ou détournement de sa destination,
  - intention frauduleuse et contraire à la volonté du maître,
  - intention de réaliser un lucre.
- se divise en vol
  - manifeste — dont l'auteur est saisi encore nanti de l'objet volé,
  - non manifeste — tout autre vol,
  - *conceptum* — lorsque l'objet volé est trouvé chez un receleur,
  - *oblatum* — lorsque l'objet a été déposé chez un tiers inconscient,
  - *non exhibitum* — fait du détenteur qui se refuse à une perquisition.
- (Sous Justinien, il ne reste plus que les vols manifeste et non manifeste.)
- donne naissance à trois actions
  - deux civiles
    - en revendication — donnée au propriétaire contre tout détenteur, même de bonne foi ;
    - *condictio furtiva* — personnelle, de droit strict, dirigée contre le voleur ou ses héritiers.
    - (La partie lésée a le choix entre ces deux moyens, mais ne peut en exercer qu'un.)
  - une pénale, l'action *furti*
    - donnée
      - au quadruple en cas de vol manifeste,
      - au double en cas de vol non manifeste ;
    - calculée d'après la valeur relative de l'objet volé ;
    - appartient à la personne directement lésée par le délit (2) ;
    - donnée
      - contre le voleur,
      - contre les complices
        - par aide donnée sciemment,
        - par recel.
- commis par un esclave, un fils ou un époux, produit toutes les conséquences du vol, sauf la responsabilité pénale de l'auteur principal — le conjoint victime d'une soustraction a de plus la *condictio rerum amotarum*.

---

(1) Le droit romain n'exige pas chez le délinquant l'intention de nuire.
(2) Par exemple, au créancier gagiste, au possesseur de bonne foi voulant usucaper, etc.

Des obligations qui naissent d'un délit (Suite).

Des biens enlevés par violence (Titre 2).

L'action *bonorum vi raptorum*
- est une action privée donnée à la victime du délit de vol commis avec violence et intention criminelle.
- comme l'action *furti* :
  - n'est applicable qu'au vol de choses mobilières ;
  - appartient à celui qui est directement intéressé à la conservation de la chose (gagiste, locataire, etc.) ;
  - ne se donne pas contre les héritiers du coupable qui ne sont tenus de rendre que ce dont ils ont bénéficié par suite du délit.
- contrairement à l'action *furti* :
  - est d'institution prétorienne ;
  - est à la fois pénale et persécutoire de la chose ;
  - se donne toujours au quadruple ;
  - une fois exercée s'oppose à l'usage de toute autre action, soit civile, soit pénale (1) ;
  - se calcule d'après la valeur intrinsèque de la chose, quel que soit le préjudice souffert ;
  - ne dure qu'un an ; au delà elle est donnée au simple.
- n'est pas donnée, faute d'intention frauduleuse, contre celui qui ravit sa propre chose, ou celle qu'il croit lui appartenir ;
- est remplacée dans ce cas (2) :
  - par la perte du droit de propriété, s'il le possédait ;
  - par une indemnité égale à la valeur de la chose, si l'auteur de la violence se croyait à tort propriétaire.
- peut être remplacée par une action criminelle tirée de la loi *Julia*, sur la violence.

De la loi Aquilia (Titre 3).

La loi *Aquilia* a pour objet la réparation du dommage causé sans droit et par suite d'une faute quelconque (3). Elle comprend trois chefs :

1er chef : meurtre
- commis
  - d'un esclave,
  - d'un quadrupède vivant en troupeau,
  - sans droit
    - hors le cas de légitime défense et
    - par un autre que par le propriétaire ;
  - par suite d'une faute ou d'un dol. — Il n'est tenu aucun compte du degré de la faute, mais la simple négligence ou omission n'engendre pas la responsabilité aquilienne qui ne peut naître que d'un acte.
- entraîne condamnation à payer la plus haute valeur que l'esclave ou le quadrupède aient eue dans l'année, en tenant compte de tout le préjudice causé au maître (4).
- (Les enfants et les fous, considérés comme irresponsables, échappent à la loi *Aquilia*, ainsi que les héritiers du délinquant (4).)
- d'un esclave peut être réprimé, en outre, par la voie criminelle en vertu de la loi *Cornelia de sicariis*.

---

(1) La partie lésée qui a exercé l'action *furti* peut obtenir une fois de plus la valeur de la chose à titre de remboursement, ou réclamer par l'action *bonorum vi raptorum* le complément du quadruple.
(2) Constitution de Théodose, Arcadius et Valentinien.
(3) Comp. — Art. 1382 et s. du Code civil.
(4) Ces dispositions donnent à la loi *Aquilia* un caractère pénal.

Des obligations qui naissent d'un délit (Suite).

De la loi Aquilia (Suite).

2ᵉ chef :
- relatif à l'adstipulateur ayant frauduleusement libéré le débiteur par acceptilation ;
- entraînant sa condamnation à la somme dont il avait fait remise ;
- tombé en désuétude, sous Justinien, avec l'adstipulation.

3ᵉ chef :
- blessures aux esclaves et animaux vivant en troupeaux ;
- meurtre ou blessures de tous autres animaux ;
- dommage causé aux choses inanimées ;
- entraînant condamnation à une somme égale à la plus haute valeur de la chose dans les trente jours qui précèdent le délit.

Observations. — L'action de la loi *Aquilia*, d'abord donnée au propriétaire, a été dans la suite accordée utilement à tout individu directement intéressé (gagiste, etc.).

Cette action, applicable en principe au seul dommage direct causé *corpore et corpori*, a été étendue utilement au dommage indirect causé *corpore sed non corpori*, ou *non corpore neque corpori*.

Les condamnations prononcées en vertu de la loi *Aquilia* sont doublées toutes les fois que le défendeur a nié les faits imputés.

Des injures (Titre 4).

L'injure
- est une offense faite
  - par paroles, gestes ou menaces,
  - avec la volonté d'outrager,
  - à une personne qui s'en montre blessée ;
- rejaillit sur tout individu ayant autorité sur la personne injuriée : de la femme sur le mari, du fils sur le père, de l'esclave sur le maître ;
- peut être intentée autant de fois qu'il y a de personnes outragées ;
- est imputable non-seulement à l'auteur, mais encore à l'instigateur de l'injure ;
- est punie
  - d'après la loi des Douze-Tables
    - d'une peine corporelle (talion) pour un membre rompu,
    - d'une peine pécuniaire dans les autres cas ;
  - d'après le droit prétorien, d'une peine pécuniaire fixée par la personne injuriée, sous le contrôle du juge ;
  - d'après la loi *Cornelia*, en cas de voies de fait, de coups et de violation de domicile, d'une indemnité arbitrée par le juge.
- est de deux sortes :
  - simple — dégagée de toute circonstance d'aggravation ;
  - grave (*atrox*) (1) — aggravée à raison
    - de la nature de l'outrage,
    - du lieu du délit,
    - de la qualité de la personne.
- peut être poursuivie par une action criminelle non cumulable avec l'action privée ;
- ne peut plus être poursuivie
  - après le pardon ;
  - après un an (ce délai fait présumer l'oubli) ;
  - après la mort du délinquant ou de la victime, à moins qu'il n'y ait eu *litis contestatio*.

---

(1) L'injure *atrox* rejaillit seule de l'esclave au maître et peut seule motiver l'action d'un affranchi contre son patron ou d'un fils émancipé contre son père.

Des obligations qui naissent comme d'un délit (Titre 5).

Le quasi-délit est un fait dommageable à autrui et illicite, mais non réprimé par une loi spéciale.

Exemples de quasi-délits :
- Le juge a fait le procès sien (1) :
  - il est condamné à payer le montant du procès ;
  - cette responsabilité n'atteint ni le père de famille, ni les héritiers.
- Chose jetée sur un passant par un délinquant inconnu :
  - à défaut de l'auteur du délit, le chef de la maison est responsable ;
  - si un esclave ou une chose ont été endommagés, la condamnation est du double du dommage causé (action prétorienne, *in factum*) ;
  - si un homme libre a été tué, la peine est de 50 écus d'or ;
  - s'il a été blessé, la peine est déterminée par le juge.
- Objets suspendus sur la voie publique, sans qu'il en soit résulté d'accident :
  - ce fait était puni d'une amende de 10 écus d'or infligée au maître de l'appartement.
- Vol commis dans un navire, une auberge ou une écurie :
  - l'action *in factum* procurait une indemnité double à la partie lésée ;
  - la responsabilité n'atteignait pas les héritiers.

Des actions (Titres 6 à 9).

On appelle action
- le droit de poursuivre par voie judiciaire le recouvrement de ce qui est dû ;
- le moyen de procédure à employer dans ce but.

Division historique de la procédure romaine
- les actions de la loi — instituées par le droit civil ;
- les actions formulaires — organisées par le préteur ;
- les jugements extraordinaires rendus par le magistrat seul
  - innovation introduite par Dioclétien dans les provinces ;
  - généralisée peu à peu et devenue la règle dans le dernier état du droit.

---

(1) On nomme ainsi le fait du juge qui a statué contre l'équité, sans commettre de délit formel.

Des actions (Suite).

Les actions de la loi et les actions formulaires comprennent deux phases :

- **la première a lieu devant le magistrat**
  - à Rome,
    - les préteurs : urbain, entre citoyens, pérégrin, entre étrangers ;
    - les édiles en certaines matières (marchés, voirie, etc.) ;
  - puis, en province,
    - les gouverneurs ou proconsuls,
    - les questeurs à la place des édiles ;
  - qui fixe le point de droit et renvoie devant le juge.
- **la deuxième se passe devant le juge**
  - les rois au début ;
  - les consuls dans la suite ;
  - tribunal des centumvirs pour les questions de propriété, de succession, d'état ;
  - un ou plusieurs citoyens agréés par les parties ou tirés au sort ; appelés à trancher le point de fait et à prononcer la sentence.

Actions de la loi — d'origine sacerdotale et patricienne ; consistant en une procédure symbolique et sacramentelle ; sont au nombre de cinq :

- *actio sacramenti* — le perdant y payait une somme convenue entre les parties au début du procès ;
- *judicis postulatio* — applicable au cas où le juge a un pouvoir d'appréciation (contrats consensuels, etc.) ;
- *condictio* (sommation) pour forcer à comparaître et à acquitter une obligation certaine (somme d'argent ou corps certain) ;
- *manus injectio*
  - *judicati* — exécution forcée d'un jugement ;
  - *pro judicato* — accordée dans certains cas comme s'il y avait eu jugement ;
  - *pura* — voie de contrainte ne supposant pas de jugement ;
  - aboutissant à l'attribution (*addictio*) du débiteur au créancier qui, à l'origine, pouvait le vendre.
- *pignoris capio* — saisie réelle d'une chose appartenant au débiteur.

Procédure formulaire

- consiste dans une formule délivrée par le magistrat et comprenant :
  - *demonstratio* — exposé des circonstances ;
  - *intentio* (1) — exposé de la prétention du demandeur ;
  - *condemnatio* — ordre au juge de condamner ou d'absoudre ;
  - *adjudicatio* (2) — ordre au juge de transférer la propriété ;
  - des parties accessoires (exceptions, répliques, etc.).
- la *litis contestatio* réalisée au moment de la remise de la formule
  - éteint le droit du demandeur qui n'a plus qu'un droit éventuel à la condamnation du défendeur ;
  - sert de point de départ pour l'effet du jugement ;
  - interrompt la prescription, mais non pas l'usucapion ;
  - fait passer sur la tête des héritiers les actions intransmissibles.
- en cas de
  - *plus petitio* — entraîne la perte du procès (déchéance disparue au bas empire) ;
  - *minus petitio* — paralyse l'action du demandeur pour le surplus pendant un an (entrave supprimée par l'empereur Zénon) ;
  - *aliud pro alio* — l'erreur est sans effet et le demandeur repoussé peut intenter aussitôt une nouvelle action.

---

(1) L'*intentio* est la seule partie qui se rencontre dans toutes les actions.
(2) L'*adjudicatio* ne se rencontre que dans les actions *familiæ erciscundæ, communi dividundo, finium regundorum*.

Des actions (Suite).

Les actions se divisent en :

- **actions réelles** — tendant à l'établissement d'un droit absolu et exclusif sur une chose.
  - **civiles :**
    - revendication (*actio in rem specialis*) — donnée à celui qui se prétend propriétaire, contre le possesseur de la chose ;
    - pétition d'hérédité (*actio in rem generalis*) — accordée à celui qui se prétend héritier testamentaire ou *ab intestat*, contre le *bonorum possessor* ou le possesseur sans titre (1) ;
    - confessoire — donnée pour la reconnaissance d'un droit de servitude personnelle ou prædiale, contre tout individu qui le conteste ;
    - négatoire — accordée au propriétaire pour établir l'inexistence de la servitude dont le défendeur se déclare investi ;
    - *causa liberalis* — procès relatif à la liberté d'un homme représenté par *l'assertor libertatis* — la preuve incombe à celui qui nie l'état de fait (2).
  - **prétoriennes ou honoraires :**
    - publicienne — donne au dépossédé la revendication, comme si l'usucapion s'était accomplie (action perpétuelle ne s'appliquant qu'aux choses susceptibles d'usucapion) ;
    - rescisoire de l'usucapion ou contraire à la publicienne — donnée, pendant un an, au propriétaire contre lequel l'usucapion a été accomplie sans qu'il ait pu s'y opposer ;
    - paulienne — accordée aux créanciers antérieurs pour faire rescinder une aliénation faite par leur débiteur en fraude de leurs droits (elle est parfois *in personam*) (3) ;
    - servienne et quasi-servienne ou hypothécaire — accordée à l'origine au propriétaire d'un bien rural pour le recouvrement des objets affectés par le fermier à la sûreté des fermages — étendue à tous les biens, meubles et immeubles, présents et à venir (4).

- **actions personnelles** — tendant à l'exécution d'une obligation.
  - **civiles** — cette classe comprend presque toutes les actions résultant des contrats, des délits et des quasi-contrats.
  - **prétoriennes :**
    - *constitutæ pecuniæ* — pacte de constitut ou promesse de paiement à jour fixe d'une dette antérieure civile ou naturelle — analogue à l'action civile *receptitia* donnée contre les banquiers, applicable à tous objets, même sans dette préalable (5) ;
    - *de jurejurando* — convention de parties qui, faute de moyens de preuves, s'en rapportent à la foi du serment — le juge reçoit le serment qui est décisoire lorsqu'il est régulier ;
    - *de peculio* — action accordée contre le père d'un fils ou le maître d'un esclave, jusqu'à concurrence du pécule, aux tiers qui ont contracté avec eux.

- **actions mixtes :**
  - *communi dividundo* — spéciale au partage d'une chose indivise entre copropriétaires ;
  - *familiæ erciscundæ* — spéciale au partage d'une succession entre cohéritiers ;
  - *finium regundorum* — délimitation judiciaire d'héritages entre propriétaires voisins.
  - **appelées mixtes :**
    - soit parce que le juge y statuait simultanément sur une question d'obligation personnelle et sur une question de propriété ;
    - soit parce que la formule employée était personnelle dans l'*intentio* et réelle dans l'*adjudicatio*.

---

(1) L'héritier ne peut agir que par la revendication contre celui qui possède en vertu d'un titre particulier.
(2) Ce procès, toujours définitif s'il se terminait en faveur de la liberté, pouvait, avant Justinien, être renouvelé trois fois dans le cas contraire: Justinien supprime l'*assertor libertatis* et rend le procès irrévocable quelle qu'en soit l'issue.
(3) Les créanciers n'obtenaient l'action paulienne que si la vente en masse des biens du débiteur n'avait pas suffi à éteindre leur créance, et s'il y avait de plus *consilium fraudis* et *eventus damni* : elle ne pouvait être intentée contre un ayant-cause à titre onéreux que s'il était *conscius fraudis*.
(4) Le créancier hypothécaire avait le droit de faire vendre la chose hypothéquée et de se payer sur le prix de préférence à tout autre créancier, pourvu que son inscription fût la plus ancienne.
(5) Justinien a fusionné ces deux actions sous le nom de *pecuniæ constitutæ*. — Elle se donne contre toute personne, pour toute dette, à la seule condition qu'il y ait une obligation préexistante.

Des actions (Suite).

Diverses classifications des actions :
- actions préjudicielles (catégorie spéciale)
  - tendant à la constatation judiciaire d'un état ou d'un fait ;
  - *causa liberalis* — (voir ci-dessus aux actions réelles civiles) ;
  - *præjudicium ingenuitatis* — pour établir
    - si un individu est ingénu ou affranchi,
    - quel est le patron d'un affranchi ;
  - *de partu agnoscendo* — pour établir la paternité, la maternité ou la filiation d'un individu ;
  - pouvaient être intentées même après la mort d'un individu (depuis Claude, la possession d'état ne peut être combattue que pendant cinq ans, s'il s'agit d'attribuer au défunt une situation désavantageuse).
- actions
  - *in jus* — où le procès reposait sur une question de droit — refusées au fils de famille (actions civiles — actions prétoriennes ayant pour but d'étendre le droit civil) ;
  - *in factum* — où le procès reposait sur une question de fait — le fils de famille était admis à en user — (c'était une notable partie des actions prétoriennes) (1).
- actions
  - persécutoires de la chose — tendant à la conservation ou au recouvrement d'une portion du patrimoine, et ne faisant obtenir qu'une fois la valeur de la chose (actions *in rem*, actions *in personam* nées des contrats) ;
  - persécutoires de la peine — aboutissant à une condamnation pécuniaire ayant un caractère pénal, et pouvant faire obtenir autant d'indemnités qu'il y a de délinquants (actions *furti*, *de albo corrupto*, etc.) ;
  - mixtes (persécutoires de la chose et de la peine) — tendant simultanément à assurer l'intégrité du patrimoine et à obtenir une indemnité à titre de peine (actions *bonorum vi raptorum*, de la loi *Aquilia*, etc.).
- actions
  - au simple,
  - au double,
  - au triple,
  - au quadruple,

  eu égard à la quotité de la condamnation.

---

(1) Ne pas confondre avec l'action *in factum præscriptis verbis,* qui est rédigée *in jus* (voir ci-dessus, page 28).

Des actions (Suite).

Diverses classifications des actions (suite) :

- actions
  - de droit strict (*condictiones*) — dans lesquelles le juge était étroitement circonscrit par la formule (actions résultant de contrats unilatéraux) ;
  - de bonne foi — dans lesquelles le juge tranchait le différend d'après l'équité (actions résultant de contrats synallagmatiques) ;
  - arbitraires — tendant à obtenir du défendeur certaines satisfactions, à défaut desquelles est prononcée la condamnation (actions réelles, tant civiles que prétoriennes, actions *ad exhibendum*, *quod metus causa*, *de dolo*, etc.).

- actions indirectes
  - sont données par le droit prétorien aux créanciers du fils ou de l'esclave contre le père ou le maître (se rattachent aux autres actions, dont elles sont une modification accidentelle) ;
  - *quod jussu* — applicable quand l'obligation a été contractée sur l'ordre du père ou du maître ;
  - exercitoire — donnée contre le *paterfamilias* armateur d'un navire auquel il a préposé son fils ou son esclave ;
  - institoire — donnée contre le *paterfamilias* qui a préposé son fils ou son esclave à une opération de commerce (1) ;
  - tributoire — donnée au créancier d'un fils ou d'un esclave qui a employé son pécule en entreprise commerciale avec le consentement du *paterfamilias* (le père, créancier à un titre quelconque, figure au marc le franc dans la répartition) ;
  - *de peculio* — relative au recouvrement des dettes contractées par un fils de famille pour l'administration de son pécule — le père a un droit de préférence pour ce qui lui est dû ; les créanciers sont payés définitivement et intégralement dans l'ordre où ils se présentent.
  - *de in rem verso* — donnée au créancier qui prouve que le père ou le maître a profité de l'obligation contractée sans sa volonté.

Observation. — Le sénatus-consulte Macédonien refuse toute action à celui qui a prêté de l'argent à un fils ou à une fille de famille ; cette exception n'est pas opposable si le père a approuvé l'emprunt ou en a bénéficié, ou bien si le prêteur a ignoré, par suite d'erreur ou de fraude, la qualité de l'emprunteur, ou encore si l'emprunteur était militaire.

---

(1) Cette action a été étendue à toute opération même non commerciale — d'où l'action quasi-institoire donnée contre le mandant au tiers ayant traité avec le mandataire.

Des actions (Suite).

L'effet des actions indirectes est entravé par le bénéfice de compétence } accordé { droit de n'être pas tenu d'une dette au delà de ses facultés.
- aux ascendants,
- au patron, à la patronne et à leur famille,
- au mari,
- à l'associé,
- au débiteur ayant fait cession de biens,
- au donateur actionné pour la donation,
- au militaire pour ses dettes.

Les actions indirectes résultant d'un délit se nomment actions noxales et sont au nombre de deux :

l'action noxale ordinaire { consistant dans la poursuite d'une réparation pénale contre un *paterfamilias* qui, pour s'y soustraire, pouvait abandonner le fils ou l'esclave auteur du dommage ; se donne contre celui qui a autorité sur le fils ou l'esclave au moment du procès ; aboutit { soit à une condamnation pécuniaire infligée au *paterfamilias* et acceptée par lui, soit à l'abandon noxal { possible à toute époque, même après condamnation, réalisé par une translation de propriété, interdit lorsqu'il y a eu négligence, complicité ou mauvaise foi de la part du *paterfamilias*, tombé en désuétude sous Justinien en ce qui concerne les fils de famille.

l'action noxale *de pauperie* { relative au dommage causé par un quadrupède ; inapplicable si l'animal n'a fait qu'obéir à ses instincts naturels de férocité.

Observation. — Ces deux actions ont été complétées par un édit des édiles qui a rendu responsable des accidents survenus tout individu qui détenait à proximité du public un animal dangereux : cette voie de recours n'admet pas l'abandon noxal et peut être annulée avec l'action noxale *de pauperie*, lorsqu'elle est ouverte. La condamnation, arbitrée par le juge en cas de blessures faites à un homme libre, est fixée dans les autres cas au double du dommage.

— 39 —

Par quelles personnes on peut agir (Titre 10).

Actions de la loi
- nul, en principe, ne peut agir en justice pour autrui ;
- excepté dans les cas
  - d'action populaire — accusation publique,
  - de *causa liberalis* qui exigeait la présence d'un *assertor*,
  - où un tuteur agissait pour le pupille *infans*,
  - où l'on exerçait, *lege hostilia*, l'action *furti* pour des citoyens prisonniers, absents pour le service de l'Etat, ou dont on avait la tutelle.

Procédure formulaire
- toute personne peut se faire représenter en justice ;
- cette représentation a lieu
  - par un *cognitor* — mandataire judiciairement constitué, par l'entremise duquel la sentence rejaillit directement sur le *dominus litis* ;
  - par un *procurator* — mandataire ordinaire ou simple gérant d'affaires de qui l'adversaire doit exiger caution pour se garantir d'une nouvelle action du *dominus litis* ;
  - par un *defensor* — plaideur sans mandat, agissant pour le défendeur et soumis à la caution *rem ratam dominum habiturum* ou *de rato*.

Sous Justinien
- le *cognitor* ou mandataire judiciaire est supprimé ;
- le *procurator*
  - *præsentis* remplit le même rôle que le *cognitor*,
  - *absentis*
    - lui est assimilé dès qu'il y a mandat authentique,
    - est obligé de donner caution dans le cas contraire,
- le *defensor* reste dans la même situation qu'en droit prétorien.

Des satisdations (Titre 11).

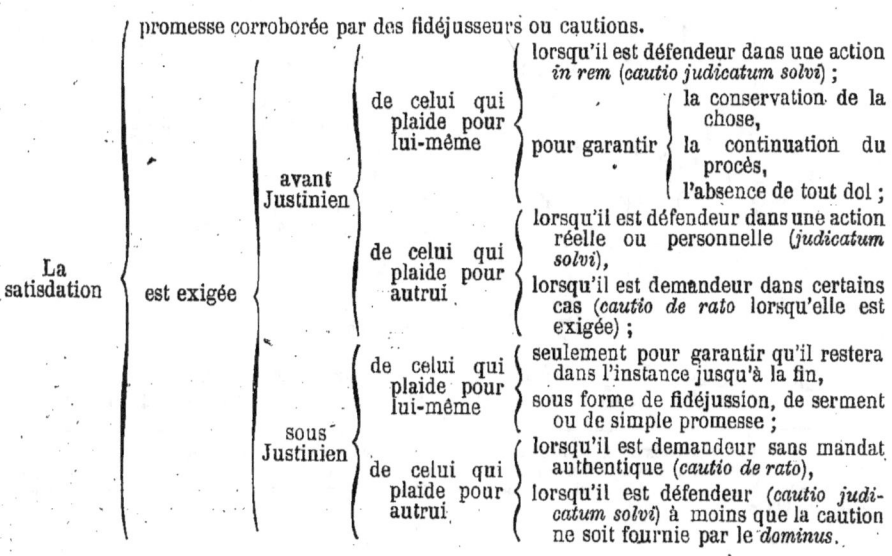

Des actions (Suite).

Durée des actions (1) (titre 12)
- dans le droit romain
  - étaient perpétuelles, les actions qui dérivaient du droit civil (excepté certaines actions, notamment, la *querela inofficiosi testamenti*, etc.) et les actions prétoriennes données pour étendre et corroborer le droit civil ;
  - étaient temporaires, les actions prétoriennes contraires aux règles du droit civil.
- au bas empire
  - les actions dites perpétuelles sont limitées à trente ans ;
  - l'action hypothécaire se prescrit par quarante ans ;
  - la prescription ne court pas contre les pupilles ;
  - les actions d'une durée moindre sont dites temporaires.

Peuvent être exercées
- par les héritiers du créancier
  - les actions à l'égard desquelles il y a eu *litis contestatio* ;
  - les actions pénales ou persécutoires de la chose, à l'exception de celles qui ont un caractère personnel, telles que l'action d'injure, la *querela inofficiosi testamenti*, etc.
- contre les héritiers du débiteur
  - les actions *rei persecutoriæ* ;
  - jamais les actions pénales.

Des exceptions (Titre 13).

Les exceptions
- sont un moyen de défense indirect tendant à paralyser l'action du demandeur.
- sont
  - à raison de leur origine
    - de droit civil — résultant
      - des lois,
      - des sénatus-consultes,
      - des constitutions ;
    - de droit prétorien — destinées à atténuer les rigueurs du droit civil.
  - à raison de leur nature
    - *rei cohærentes* — pouvant être opposées par le débiteur principal, ses héritiers ou les fidéjusseurs ;
    - *personæ cohærentes* — opposables par une personne à une autre et non par les coobligés.
  - à raison de leur durée
    - perpétuelles et péremptoires — opposables en tout état de cause et paralysant l'action pour toujours ;
    - temporaires et dilatoires — opposables pendant un certain temps et n'entravant que provisoirement l'action du demandeur.

l'exception *rei judicatæ*
- a pour but de mettre fin aux procès.
- exige pour être opposée
  - même objet,
  - mêmes parties,
  - action intentée au même titre.

Des répliques (Titre 14).

On nomme
- réplique la réponse du demandeur aux exceptions de la défense ;
- duplique et triplique les réponses successives échangées entre les parties.

---

(1) La durée des instances est bien plus courte que celle des actions ; dans le droit classique, l'instance légitime était périmée au bout de dix-huit mois ; toute autre instance devait être terminée avant l'expiration des pouvoirs du magistrat qui avait délivré la formule. Sous Justinien, la péremption est encourue après trois ans.

Des interdits (Titre 15).

Les interdits sont une injonction du préteur à l'une des parties sur la requête de l'autre (1).

- sont
  - prohibitoires — emportant défense d'accomplir un fait ;
  - restitutoires — contenant injonction de restituer quelque chose ;
  - exhibitoires — ordonnant de représenter une chose ou un individu.
  - non possessoires — en général relatifs à des questions de voirie ou de police.

- sont possessoires — *causa possessionis*.
  - *adipiscendæ*
    - *quorum bonorum* — donné au *bonorum possessor* pour le mettre en possession d'une succession ;
    - *possessorium* — donné à l'adjudicataire du patrimoine d'un insolvable en vue de l'usucapion ;
    - *salvien* — donné au bailleur d'un fonds rural, en vue de la possession des choses affectées par le fermier à la sûreté de sa créance ;
    - *quod legatorum* — donné à l'héritier contre les légataires qui ont pris possession du legs sans sa participation.
  - *retinendæ*
    - *uti possidetis* — relatif aux immeubles — le bénéfice en est accordé à celui qui possède sans vice opposable par l'adversaire ;
    - *utrubi* — relatif aux objets mobiliers — a, sous Justinien, les mêmes effets que le précédent.
  - *recuperandæ*
    - *unde vi* — donné à celui qui a perdu violemment la possession d'un immeuble ;
    - *de precario* — donné au bailleur contre le détenteur précaire qui refuse de restituer l'immeuble — étendu aux meubles ;
    - *de clandestina possessione* — donné contre celui qui avait pris clandestinement possession d'un immeuble.
  - *tam adipiscendæ quam recuperandæ*
    - *quem fundum* — donné au demandeur dans l'action en revendication, faute par le défendeur de fournir la caution *judicatum solvi* ;
    - *quam hereditatem* — même interdit pour la pétition d'hérédité ;
    - *quem usufructum* — même interdit pour la pétition d'un droit d'usufruit.

- sont
  - simples — dans lesquels les plaideurs remplissent chacun un rôle différent ;
  - doubles — dans lesquels chaque plaidant est à la fois demandeur et défendeur.

---

(1) Cette injonction mettait fin au procès si les parties s'y soumettaient ; dans le cas contraire, il fallait recourir à une instance ordinaire.

De la peine des plaideurs téméraires (Titre 16).

Les plaideurs téméraires étaient retenus :
- par la prestation d'un serment imposé au demandeur et au défendeur ;
- par la crainte d'une peine pécuniaire
  - les frais du procès,
  - une condamnation double dans certains cas ;
- par la menace de l'infamie qu'entraîne la condamnation dans certaines actions (tutelle, mandat, vol, etc.).

De l'office du juge (Titre 17).

L'office du juge
- est l'ensemble des pouvoirs qui lui sont confiés ;
- consiste
  - à statuer conformément aux lois ;
  - à statuer sur les fruits
    - qui sont restitués par le possesseur de mauvaise foi ;
    - qui sont laissés au possesseur de bonne foi lorsqu'il les a consommés.

Des accusations publiques (Titre 18).

Les poursuites criminelles
- avaient lieu à la requête de tout citoyen ;
- étaient dirigées à l'origine suivant une procédure particulière pour chaque crime ;
- furent intentées dans la suite en la forme des *cognitiones extraordinariæ* ;
- étaient dites
  - capitales, si elles entraînaient contre l'auteur la mort, l'interdiction de l'eau et du feu, la déportation ou les mines ;
  - simplement publiques, dans le cas où le coupable encourait une peine moins grave.

FIN

DU MÊME AUTEUR

LE DROIT ROMAIN EN TABLEAUX SYNOPTIQUES
MATIÈRES DE L'EXAMEN DE PREMIÈRE ANNÉE
Prix . . . . 1 fr. 50

LE DROIT CIVIL EN TABLEAUX SYNOPTIQUES
MATIÈRES DE L'EXAMEN DE PREMIÈRE ANNÉE
Prix . . . . 1 fr. 50

EN PRÉPARATION
LE DROIT CIVIL EN TABLEAUX SYNOPTIQUES
MATIÈRES DE L'EXAMEN DE DEUXIÈME ANNÉE

EN VENTE CHEZ CHALLAMEL AINÉ, 5, RUE JACOB

ÉTUDE SUR LA QUESTION DES PEINES
PAR E.-H. MICHAUX
Sous-Directeur des Colonies au Ministère de la Marine et des Colonies
1 vol. in-8°, 2° édition . . . . . 5 fr.

DE LA PROPRIÉTÉ EN ALGÉRIE
PAR RODOLPHE DARESTE
Avocat au Conseil d'État et à la Cour de cassation
1 vol. in-18, 2° édition . . . . 3 fr.

DICTIONNAIRE DE LA LÉGISLATION ALGÉRIENNE
Code annoté et Manuel raisonné des Lois, Ordonnances, Décrets, Décisions et Arrêtés publiés au bulletin officiel des actes du gouvernement de l'Algérie
PAR P. DE MÉNERVILLE
Président à la Cour d'Alger, Officier de la Légion d'honneur

Tome 1ᵉʳ. 1830-1860 . . . . 15 fr.
  «   2°. 1860-1866 . . . . 10 fr.
  «   3°. 1866-1872 . . . . 10 fr.

---

245. — Abbeville. — Typ. et stér. Gustave Retaux.

www.ingramcontent.com/pod-product-compliance
Lightning Source LLC
Chambersburg PA
CBHW030057230526
45471CB00003B/1128